AF125925

Francuska suita

• • • • • • • • • • • • • • • •

IRÈNE NÉMIROVSKY

ANALIZA KSIĄŻKI

Napisany przez Pierre-Maximilien Jenoudet
Przetłumaczony przez Kâmil Kowalski

Francuska suita

IRÈNE NÉMIROVSKY

IRÈNE NÉMIROVSKY 5

Rosyjska powieściopisarka 5

FRANCUSKA SUITA 6

Historia z życia wzięta 6

STRESZCZENIE 7

Burza w czerwcu 7
Rozdziały 20-31 9
Dolce (Słodki) 10

STUDIUM POSTACI 13

Péricandowie 13
Gabriel Corte i Charles Langelet 15
Michaudowie 16
Lucile Angellier 16
Madeleine Labarie 17

ANALIZA 19

Struktura pracy 19
Niemiły portret francuskiego społeczeństwa 20
Powieść w sercu historii 22

DALSZA REFLEKSJA 24

Kilka pytań do przemyślenia... 24

DALSZE CZYTANIE 26

Wydanie referencyjne 26
Opracowanie źródłowe 26

IRÈNE NÉMIROVSKY

ROSYJSKA POWIEŚCIOPISARKA

- **Urodziła się w Kijowie w 1903 r.**
- **Zmarł w Auschwitz w 1942 r.**
- **Godne uwagi prace:**
  - *David Golder* (1929), powieść
  - *Le Bal* (1930), powieść
  - *Francuska suita* (2004, wydana pośmiertnie), powieść

Irène Némirovsky urodziła się w 1903 roku w Kijowie. Jako córka bogatego ukraińskiego bankiera miała błogie dzieciństwo. Rewolucja w 1917 roku zmusiła jej rodzinę do emigracji do Francji, gdzie Irène zaczęła studiować literaturę, w której była wybitna. W 1923 r. opublikowała swoją pierwszą powieść, *Nieporozumienie,* a w 1929 r. odniosła pierwszy wielki sukces z *Davidem Golderem.* Stała się jedną z największych postaci literackich swoich czasów.

Druga wojna światowa wywróciła do góry nogami życie tej młodej Żydówki. Została zmuszona do noszenia żółtej gwiazdy, a wkrótce opuścili ją przyjaciele i redaktor. Wraz z córkami i mężem szukała schronienia w małej wiosce w centrum Francji. Mimo to w lipcu 1942 roku została aresztowana przez francuską policję i wysłana do obozu koncentracyjnego w Auschwitz, gdzie zmarła na tyfus kilka tygodni po przyjeździe.

FRANCUSKA SUITA

HISTORIA Z ŻYCIA WZIĘTA

- **Gatunek:** powieść
- **Wydanie referencyjne:** Némirovsky, I. (2007) *Suite française*. Trans. Smith, S. London: Vintage.
- **Pierwsze wydanie:** 2004 r.
- **Tematyka:** II wojna światowa, Francja, exodus, miłość, obyczaje, wspomnienia

Francuska suita to tytuł serii powieści napisanychprzez Irène Némirovsky, które miały składać się z pięciu tomów: *Tempête en juin* (Burza w czerwcu) i *Dolce (*Słodkie), po których następowały *Captivité* (Zniewolenie)*, Batailles* (Bitwy) i wreszcie optymistyczny *La Paix* (Pokój). Dwa pierwsze ukończone dzieła, przechowywane przez córki Némirovsky'ego po zesłaniu do obozu koncentracyjnego, zostały opublikowane po raz pierwszy w 2004 roku pod tytułem *Francuska suita.* Jest to jedyna powieść, która otrzymała pośmiertnie Prix Renaudot (francuską nagrodę literacką).

Pierwszy tom, *Burza w czerwcu*, opowiada o ucieczce wielu Paryżan po zapowiedzi nadejścia Niemców w czerwcu 1940 roku. Drugi, *Dolce,* przedstawia spokojne życie małej wiejskiej wioski, Bussy, w pierwszych miesiącach niemieckiej okupacji.

STRESZCZENIE

BURZA W CZERWCU

Rozdział 1-8

Czerwiec 1940 roku. Paryż zostaje zbombardowany i rozchodzi się wieść o nadejściu Niemców. W domu Péricandów zapada decyzja, że Charlotte, żona, zabierze całą rodzinę, w tym starego Monsieur Péricanda, by szukać schronienia w Bourgogne, natomiast Adrien Péricand, mąż, zostanie w Paryżu. Najstarszy syn Philippe, ksiądz, ma zabrać grupę sierot do schronienia na południu Francji.

Słynny pisarz Gabriel Corte jest zrozpaczony złymi wiadomościami, które spowodowały, że stracił natchnienie. Jest zmuszony wyruszyć w drogę ze swoją kochanką, Florence.

Monsieur i Madame Michaud, dwoje pracowników banku, zostają zaproszeni do podążania za swoim szefem, Monsieur Corbinem, do Tours. Jednak Monsieur Corbin zmienia zdanie i para zmuszona jest wyruszyć w drogę na piechotę.

Bogaty esteta Charles Langelet postanawia opuścić Paryż wraz ze swoimi skrzyniami luksusowych przedmiotów.

Gabriel Corte i Florence, jadący do opanowanego przez ucie-kinierów Orleanu, zmuszeni są spać w swoim samochodzie w samym środku bombardowania.

Péricandowie również napotykają na trudności w podróży; Charlotte, która do tej pory była przekonana o sile swojego bogactwa i nazwiska, zdaje sobie sprawę, że to poważna sytuacja i przestaje się martwić o swoją pozycję społeczną.

Michaudowie zajmują się także zamieszaniem związanym z exodusem; tłumy uciekinierów zostają opryskane kulami, pojawiają się pierwsze ofiary śmiertelne. Michaudowie zatrzymują się w domu Angellierów w Bussy i planują wsiąść do pociągu do Tours. Małżeństwo nie wie, że ich syn, Jean-Marie, który jest ranny, jest zakwaterowany w tej samej wsi przez rolników.

W Tours, gdzie brakuje żywności, Gabriel Corte używa swo-jego nazwiska, aby kupić zapasy; zostają one skradzione przez współtowarzyszy podróży, którzy są urażeni jego pogar-dliwą postawą.

Péricandowie zatrzymują się w małym miasteczku. Hubert, młody mężczyzna, marzy o wyjeździe, by walczyć i postana-wia uciec następnej nocy, mimo że matka mu tego zabrania. Konwój wojskowy zgadza się przyjąć go w swoje szeregi.

Cortes błąka się żałośnie, głodny i zagubiony, podczas gdy wojsko próbuje odciąć drogę zbiegom. W heroicznym momencie Gabriel ratuje swoją kochankę, przeprowadzając ją przez most pod deszczem niemieckich pocisków.

Tymczasem Hubert dociera ze swoim kontyngentem do Allier, gdzie próbują zatrzymać wroga. Młodzieniec jest przerażony ich szybką porażką. Schronił się w sąsiedniej wiosce, gdzie kwateruje go Arlette Corail, była kochanka Monsieur Corbina.

Rozdziały 20-31

Wioska, w której przebywa rodzina Péricandów, płonie po wybuchu prochu strzelniczego. Charlotte wraz z dziećmi wyrusza do Nîmes, ale nagle uświadamia sobie, że przypadkowo zostawiła w wiosce swojego teścia.

Charles Langelet jest pełen pogardy dla nieszczęścia i chamstwa swoich towarzyszy. Kończy mu się benzyna, więc kradnie kanistry młodej parze, której zaufanie zdobył.

Stary Monsieur Péricand budzi się samotnie w spalonej wsi i zostaje przywieziony do domu starców. Prosi o sporządzenie testamentu: zostawia swój dobytek synowi Adrienowi, ale na znak swojej irytacji żąda przekazania pięciu milionów na dobrą organizację charytatywną. Umiera tuż po podpisaniu dokumentu.

Jean-Marie Michaud dochodzi do siebie po kilku dniach delirium i z rozczarowaniem przyjmuje wiadomość o porażce.

Philippe Péricand idzie w kierunku południa ze swoją grupą nieprzyjaznych nastolatków. Pomimo swoich obowiązków jako ksiądz, czuje do tych młodych chłopców wyłącznie niechęć. Na noc ustawiają się w parku należącym do zamku. Dwóch chłopców włamuje się do budynku, a gdy Philippe ich przyłapuje, przystępują do ataku i biją go. Cała grupa wdziera się do zamku i plądruje go. Wrzucony do wody i ukamienowany ksiądz umiera.

Péricandowie, schronieni w Nîmes, dowiadują się o śmierci starego Monsieur Péricanda i Philippe'a. Charlotte również uważa, że Hubert został zabity, ale pojawia się on, wywołując zamieszanie. Dojrzawszy i zmieniwszy się, krytycznie patrzy na próżność swojej rodziny.

Kortezy docierają do Grand Hotelu w Vichy. Gabriel martwi się o swoją przyszłość, ale uspokaja się dzięki ponownemu spotkaniu towarzyskiemu z bogatymi przyjaciółmi.

Michaudowie, zmuszeni do powrotu do wyludnionego Paryża, dowiadują się, że podpisano zawieszenie broni. Mają nadzieję, że usłyszą wieści o swoim synu. Monsieur Corbin ogłasza, że zostali zwolnieni z banku. Jeanne udaje się uzyskać odszkodowanie.

Jesienią Charles Langelet również wraca do stolicy, gdzie wraca do codziennego życia. Zostaje jednak potrącony przez samochód, prowadzony przez Arlette Corail i ginie.

Jean-Marie Michaud, utknął w swojej wsi, chce wrócić do Paryża. Pisze do rodziców i opuszcza wieś, pozostawiając zdenerwowaną Madeleine Sabarie, dziewczynę z domu.

DOLCE (SŁODKI)

Rozdziały 1-8

Wiosna 1941 roku. Niemcy właśnie wkroczyli do Bussy. Angelierowie ukrywają swój dobytek. Syn, Gaston, zostaje wzięty do niewoli; Lucile, jego młoda żona, zostaje więc sama ze zgorzkniałą teściową. Zamieszkuje z nimi wrogi oficer, Bruno von Falk.

Madeleine Sabarie jest żoną Benoît i matką małego dziecka. Do gospodarstwa wprowadza się młody Niemiec, Kurt Bonnet. We wsi stopniowo uspokajają się stosunki między okupantami i okupowanymi. Benoît czuje, że jego żona ciągle myśli o Jean-Marie Michaud i jest niezwykle zazdrosna. Obawia się też zamiarów ich nowego gościa.

Rozdziały 9-15

Stopniowo Lucile poznaje Bruna, co doprowadza jej teściową do wściekłości. Dlatego stara się ona unikać spotkań z nim, ale stopniowo buduje się między nimi więź. Pewnego deszczowego popołudnia Niemiec wchodzi do salonu w towarzystwie Lucile i gra na fortepianie: Lucile zakochuje się w nim. Miesiąc później wyznaje jej miłość, ale ona go odrzuca, obawiając się o swoją reputację.

Rozdziały 16-22

W sąsiednim zamku wicehrabina Montmort, która spaceruje po swoim parku, zaskakuje Benoît Sabarie, który kradnie kukurydzę z ogrodu warzywnego. Wściekły, przyznaje się do kradzieży z jej terenu, pokazując, że nadal ma broń, co jest surowo zabronione przez niemieckich okupantów. Wicehrabina postanawia dyskretnie na niego donieść.

Tymczasem Lucile marzy – czasem z radością, czasem ze smutkiem – o miłości, którą dzieli z Bruno von Falkiem. Następnej nocy do jej drzwi puka Madeleine Sabarie: Niemcy przyszli aresztować Benoît i znaleźli jego pistolet, którym zabił Bonneta przed ucieczką. Madeleine błaga Lucile, by ukryła męża w swoim domu, na co ta się zgadza. Następnego dnia we wsi panuje niepokój: każda osoba pomagająca Benoîtowi zostanie zastrzelona. Gdy Lucile schodzi na dół, by nakarmić uciekiniera, który od trzech dni ukrywa się w piwnicy, Madame Angellier zaskakuje ją i staje się jej wspólniczką.

Mimo tego incydentu Niemcy organizują przyjęcie z okazji rocznicy daty, w której zajęli Paryż, 21 czerwca, nie ujawniając Francuzom powodu. Noc wcześniej Lucile i Bruno wybierają się na spacer o zmierzchu, ale młoda kobieta nagle go odrzuca, uświadamiając sobie swój wstyd. Podczas gdy święta trwają w najlepsze, okupanci dowiadują się, że przystąpili do wojny z Rosją. Szybko zostają wysłani na front. Madame Angellier zachęca Lucile, by poprosiła Bruna o pozwolenie na podróż, dzięki któremu Benoît będzie mógł pojechać do Paryża, co udaje się jej uzyskać. Bruno i młoda kobieta żegnają się emocjonalnie.

STUDIUM POSTACI

PÉRICANDOWIE

Péricandowie są rodziną z klasy średniej i wywodzą się ze szlachty, co napawa ich wielką dumą. Niezwykle bogaci i otoczeni armią posłusznych służących, nie są odmalowani w dobrym świetle. W książce wyróżnia się trzech członków rodziny:

- Charlotte, matka, jest siłą napędową rodziny. Ma 47 lat, twarz "bladą i udręczoną" (Rozdział 2, *Burza w czerwcu*), jest dosadna i autorytatywna. Jest bardzo religijna, ta matka pięciorga dzieci szczyci się tym, że jest uosobieniem wysokiego społeczeństwa i wartości moralnych w chaotycznym świecie. W rzeczywistości jednak jej dobre zasady skrywają troskę o zachowanie szacunku dla jej nazwiska i majątku. Bogata i skąpa, reprezentuje oderwane od rzeczywistości drobnomieszczaństwo. Co więcej, choć okazuje miłosierdzie swojemu teściowi, to tylko w nadziei, że odziedziczy jego ogromny majątek. Ponadto, choć twierdzi, że jest kochającą matką, wydaje się odczuwać wątpliwy smutek jedynie na wieść o śmierci swoich synów, Filipa i Huberta; myśli raczej o heroicznym wizerunku, jaki przyniesie ich śmierć.

Autor krytycznie i ironicznie patrzy na tę postać, która w trakcie wydarzeń pokazuje swoją prawdziwą naturę; za fasadą tej wielkiej damy kryje się zgorzkniała i egoistyczna kobieta, niezdolna do współczucia czy nawet matczynej miłości.

- Filip, najstarszy syn, jest krzepkim mężczyzną: "Miał dobry kolor policzków, gęste czarne brwi i zdrowy, chropowaty wygląd" (rozdział 4, *Burza w czerwcu*). Zostając księdzem, otrzymuje zadanie sprowadzenia sierot z Pokutujących Dzieci, organizacji charytatywnej należącej do ojca Monsieur Péricanda, do bezpieczniejszego miejsca na południu Francji. Mimo swojego powołania nie potrafi współczuć zagubionym nastolatkom i okazuje im jedynie pogardę. O ile jednak alchemia zdaje się zbliżać go do grupy, o tyle sprawy przybierają gorszy obrót, gdy ksiądz wystawia ich na pokusy. Filip zapomina (i jest to jedyna postać w powieści, która to robi), że nie jest z tej samej pozycji społecznej co oni, a oni go za tę wadę dziko linczują.

Postać Philippe'a Péricanda wydaje się być żałosna; niezdolny do wypełnienia swoich obowiązków, spotyka swój smutny koniec z rąk swoich podopiecznych, a nie z powodu szalejącej wojny. Jego podróż jest zatem całkowitą porażką.

- Hubert, najmłodszy syn, jest sfrustrowanym młodzieńcem: za młody, by walczyć, ale równie mocno odczuwa pragnienie uczestniczenia w bitwie. Pełen heroicznych fantazji, w końcu łamie zasady matki i wyjeżdża na front. Jego działania nie przynoszą jednak skutku; Francuzi zostają natychmiast pokonani i rozproszeni, co budzi w młodzieńcu gniew. Pod opieką uwodzicielskiej tancerki, a następnie szukając ponownie swojej rodziny, Hubert przez całą powieść przeżywa swój rytuał przejścia. Na początku jest nastolatkiem, staje się dorosłym, potem buntuje się przeciwko wizerunkowi swojej mieszczańskiej i obłudnej matki.

GABRIEL CORTE I CHARLES LANGELET

Gabriel Corte to znany paryski pisarz, "o okrutnych, leniwych ruchach kota, wyrazistych, miękkich dłoniach i nieco pełnej rzymskiej twarzy" (rozdział 4, *Burza w czerwcu*). Ten wyniosły, egoistyczny i skupiony na sobie mężczyzna nie jest w stanie kochać nikogo poza sobą; znosi swoją kochankę, Florence, tylko dlatego, że ta nadmiernie podbudowuje jego ego. Zmuszony do wyruszenia w drogę nie może znieść sytuacji, w której znajdują się jego rówieśnicy, a tym bardziej nie radzi sobie z doświadczeniem głodu i strachu. W obliczu rzeczywistości nie może pojąć, co się dzieje, co go przeraża, i woli żyć w swoim świecie, przekonany, że bogactwo i wyrafinowanie wystarczą, by go ocalić.

Charles Langelet to bogaty, stary esteta w wieku około 60 lat, który wiedzie życie na luzie; gruby i biały, pławi się w luksusie. Ten bogaty człowiek jest również pogardliwy wobec niższych klas i pełen siebie. Tchórzliwy, despotyczny i bardzo ciasny, przypomina czytelnikowi postać Harpagona w *Skąpcu* Moliera (francuski komediopisarz i dramaturg, 1622-1673): "On [...] poszedł do swojego biura po młotek i gwoździe, żeby zamknąć skrzynię z opakowaniami. Sam zaniósł ją do samochodu: nie było potrzeby, by konsjerż wiedział, co przewozi" (rozdział 7, *Burza w czerwcu*). Ta groteskowa postać wydaje się nie do zniesienia w oczach samej autorki; bez wahania obdarza go najgorszymi wadami charakteru i dba o to, by osiągnął wyjątkowo ironiczny koniec.

MICHAUDOWIE

Maurice i Jeanne Michaud to małżeństwo pracujące w banku o skromnych dochodach. Ta dwójka przez całą powieść wykazuje spokojną harmonię i wydaje się być jedynymi postaciami, które znalazły przychylność autora w *Burzy w czerwcu*. Zjednoczeni miłością i troską o jedynego syna, udaje im się, mimo trudności, zachować pewien dystans wobec wydarzeń.

Michaudowie są obecni w tle przez całą fabułę; zajmują sporą część historii w pierwszym tekście i pośrednio utrzymują swoje miejsce w *Dolce*. Lucile otrzymuje zresztą od nich list, a pod koniec opowiadania postanawia wysłać do nich Benoît Labarie.

Jean-Marie, syn, jest młodym, wrażliwym studentem, który marzył o czytaniu książek, ale znalazł się, nie zdając sobie z tego sprawy, w samym środku wojennej zawieruchy. Ranny, wraca do zdrowia, ale wciąż czuje ukłucie porażki. Jego postać jest głównym wątkiem w *Francuska suita* i równie ważną rolę odgrywa w drugiej powieści, choć jest nieobecny, ze względu na swój krótki romans z Madeleine Labarie.

LUCILE ANGELLIER

Lucile, "młoda kobieta – piękna, blondynka, o ciemnych oczach, ale spokojnym, skromnym usposobieniu i 'dalekim wyrazie'" (rozdział 1, *Dolce*), jest niezadowolona ze swojego życia. Jest w pozbawionym miłości małżeństwie z Gastonem Angellierem, człowiekiem chciwym i niewiernym, i jest zmuszona mieszkać z wrogo nastawioną teściową w ponurym mieszczańskim domu w Bussy. Ze stoickim spokojem znosi swoją żałosną codzienność, która wkrótce zostaje wywrócona do góry nogami przez przybycie niemieckiego oficera Bruno von Falka. Lucile odkrywa w nim dwuznaczną namiętność, pomiędzy miłością a wstydem, która pozwala jej unikać rzeczywistości. Ale jest też powodem jego odejścia, ponieważ nie chce ustąpić swoim pragnieniom, znajdując się pod koniec powieści w sytuacji samotności.

Lucile reprezentuje z punktu widzenia autora jednostkę, która zostaje poświęcona dla grupy, zmuszona do stłumienia swoich pragnień i wolności, aby dostosować się do wymogów epoki i społeczeństwa. Jej postać wzbudza w czytelniku sympatię, choć jednocześnie reprezentuje banał ze względu na swój krótki, nieszczęśliwy romans z wrogiem.

MADELEINE LABARIE

Madeleine pojawia się po raz pierwszy w *Burzy w czerwcu*; jest, wraz z siostrą Cécile, jedną z młodych rolniczek, które pomagają Jean-Marie Michaudowi wrócić do zdrowia. Osierocona w paryskim szpitalu, zostaje adoptowana przez rodzinę Labarie i zaręczona z ich synem Benoît, który w tym czasie był więziony przez Niemców. Młoda dziewczyna przywiązuje się do Jean-Marie, ale ten wraca do Paryża akurat w momencie powrotu jej narzeczonego, a ona wychodzi za niego. Niezaspokojona i marząca o czułości Madeleine nie może zapomnieć o zranionym paryżaninie. W ten sposób pomaga posunąć akcję do przodu, gdyż to właśnie jej utracony kochanek podburza męża, pijanego z zazdrości, do zabicia wyrafinowanego Bonneta.

Jej postać ma w tej historii drugorzędną rolę, ale pozostaje bardzo obecna w tle. Ona też stanowi unison pomiędzy obiema powieściami.

ANALIZA

STRUKTURA PRACY

Postacie jako element strukturalny

Francuska suita pozwala czytelnikowi śledzić, co dzieje się w różnych miejscach w tym samym czasie dzięki wielu postaciom. To właśnie te różnorodne postaci tworzą strukturę opowieści i zapewniają wspólny wątek. Powieść rozpoczyna się od czterech grup, które czytelnik będzie śledził: Péricandowie, Gabriel Corte i jego kochanka, Michaudowie i wreszcie Charles Langelet. Ale do tych postaci dołączają inni w trakcie opowieści; wraz z Michaudami pojawia się ich syn Jean-Marie, a także Monsieur Corbin, który sam jest związany z Arlette Corail, itd. Corail poznaje także Huberta Péricanda i przejeżdża Charlesa Langeleta, a Péricandowie rozpadają się bez wiedzy ojca Philippe'a. Czytelnik stopniowo uświadamia sobie zatem, że każda z postaci odgrywa rolę w strukturyzacji opowieści, tworząc powiązania między rozdziałami.

Ponadto Jean-Marie Michaud odgrywa w tym dziele szczególnie ważną rolę, gdyż tworzy jedność obu powieści. Choć początkowo przedstawiony jest jako syn Michaudów, którego desperacko poszukują, staje się samodzielną postacią w rozdziale 24, kiedy budzi się w domu farmerów w Bussy i poznaje młodą Madeleine Labarie. Chociaż opuszcza wieś pod koniec *Burzy w czerwcu*, pozostaje obecny w tle *Dolce,* ponieważ jest przyczyną zazdrości Benoît Labarie.

Rytm narracji

Aby przykuć uwagę czytelnika, który mógłby się pogubić w szeregu postaci, autor często stosuje metody narracyjne, takie jak nieoczekiwane wydarzenia i zmiany rytmu. Na przykład, podczas gdy Péricandowie spokojnie rozstawiają się na noc w pewnej wiosce, wybucha beczka z prochem, co powoduje, że rodzina ucieka i zapomina o teściu. Podobnie, gdy czytelnik spodziewa się zobaczyć młodą Lucile ulegającą urokowi niemieckiego okupanta w *Dolce, dochodzi* do morderstwa.

Ponadto, zamknięcie każdego rozdziału jest istotne dla zapewnienia czytelnikowi zainteresowania historią; autorka zwraca baczną uwagę na zakończenie swoich rozdziałów. Czasami używa humoru, aby zakończyć, tak jak w rozdziale 6; "'Co się dzieje? To jest szaleństwo! Jutro nadal tu będziemy, […] czego potrzebujesz, ojcze?" […] "Monsieur chce, żebyśmy go zabrali z powrotem na górę… żeby zrobił siusiu" (*Burza w czerwcu*). Innym razem czytelnik jest trzymany w napięciu przez wskazówki lub tropy na końcu rozdziału, jak wtedy, gdy Arlette Corail tęskni za młodym Hubertem. Zatem, choć Irène Némirovsky pragnie odnieść się do poważnych wydarzeń swojej epoki i przedstawić je w sposób realistyczny, to jednak nadal polega na narzędziach narracyjnych i wykorzystuje je do tworzenia napięcia i oczekiwania w opowieści.

NIEMIŁY PORTRET FRANCUSKIEGO SPOŁECZEŃSTWA

Francuska suita oferuje ostrą satyrę na współczesnych Némirovsky'emu i na ludzkość w ogóle. Powieść ukazuje ukryte oblicze wielu postaci, ujawnione dzięki zwrotom akcji. Wszystkie kategorie społeczne zostają poddane krytycznemu spojrzeniu autora.

Klasę dominującą reprezentuje wicehrabina Montmort, która reprezentuje szlachtę, rodzina Péricand i Madame Angellier, które uosabiają klasę wyższą czy nawet ksiądz, Philippe, który jest członkiem kleru.

Te uprzywilejowane, wykształcone i kulturalne postaci okazują się mieć najgorsze wady. Choć są bogaci, są też skąpi; Charlotte Péricand nosi używane bluzki, a Madame Angellier wolałaby umrzeć niż ofiarować swoje najlepsze wino. Wszyscy są pełni pogardy wobec swoich towarzyszy w nieszczęściu, jeśli nie są tej samej rangi. Gabriel Corte i Charles Langelet są odrażająco tchórzliwi, a także okrutni; ten drugi nie waha się kraść benzyny za plecami młodego małżeństwa, którego zaufanie zdobył ("Cicho, tak cicho [...], wspiął się do samochodu obok swojego, odwiązał kanistry z benzyną…" (Rozdział 22, *Burza w czerwcu*)). Niezdolni do odejścia od luksusowego komfortu i pławienia się w próżności, nie dziwi w *Dolce,* że bohaterowie ci nawet kolaborują z Niemcami: "Ludzie szeptali nazwiska kolaborantów (a ich nazwiska były co wieczór głośno nadawane w angielskim radiu): Maltêtes z Lyonu, Péricands z Paryża, Bank Corbin… i inni też" (Rozdział 19, *Dolce*).

Klasy zdominowane są równie licznie reprezentowane, ale autor w dużej mierze łagodzi ich losy, a nawet wzbudza do nich sympatię, zwłaszcza poprzez małżeństwo Michaudów. Ci prości pracownicy banku stają się w całym tekście jedynymi postaciami postępującymi szlachetnie, połączonymi miłością i pragnieniem odnalezienia syna.

Mówiąc ogólniej, Némirovsky staje się realistycznym i surowym świadkiem człowieka, który traci swoją pozycję społeczną, gdy jego świat zostaje wywrócony do góry nogami. Tym samym pokazuje w swoim dziele proces dehumanizacji wojny, która doprowadza ludzkość do stanu zwierzęcego, powodując, że człowiek musi walczyć o przetrwanie i ujawnić, kim naprawdę jest.

POWIEŚĆ W SERCU HISTORII

Powieść historyczna

Francuska suita opowiada o wydarzeniach, które miały miejsce od lata 1940 do lata 1941 roku, podczas exodusu i niemieckiej okupacji Francji. W związku z tym można powiedzieć, że dzieło Némirovsky'ego jest powieścią historyczną.

W rzeczywistości historia *Burzy w czerwcu* rozpoczyna się w momencie przybycia Niemców do Paryża w czerwcu 1940 roku, co powoduje ucieczkę mieszkańców. Następnie autor porusza różne istotne momenty II wojny światowej; krach finansowy, zawieszenie broni z 22 czerwca 1940 roku, niemiecka deklaracja wojny z Rosją 22 czerwca 1941 roku ("'Cóż, nie będą się długo dobrze bawić', powiedział spokojnie staruszek. 'Właśnie usłyszałem przez radio, że są w stanie wojny z Rosją'" Rozdział 21, *Dolce*). Fabuła rozwija się więc w oparciu o historyczne, znane fakty. Liczne postacie same w sobie są fikcyjne, ale przedstawiają realny obraz ówczesnego społeczeństwa francuskiego, co wprowadza nutkę realizmu do ich przygód.

W większości powieści historycznych autor jest nieco zdystansowany do wydarzeń. Jednak wyjątkowość *Francuska suita polega na tym,* że Némirovsky pisała o wydarzeniach w trakcie ich trwania. W rzeczywistości w 1940 roku oceniła wagę tego, co przeżywała i postanowiła wykorzystać moment. I tak 21 listopada 1940 roku napisała pierwsze wersy *Burzy czerwcowej,* opowiadając o masowym exodusie paryżan, którego właśnie była świadkiem. Z pilnej potrzeby i ze świadomością, że ma niewiele czasu, ponieważ sama była Żydówką i groziło jej niebezpieczeństwo, postanowiła przedstawić losy wielu bohaterów, których życie uległo zniszczeniu. Wygnana do małej wioski Morvan, zainspirowała się do napisania *Dolce* codziennym życiem tych małych społeczności.

Ten fragment, który jest tak blisko akcji, pozwala publiczności odkryć mało znany aspekt historii; aspekt jednostki, która walczy w grupie. Powieść wrzuca czytelnika w intymną i realistyczną atmosferę, sprawiając, że żyje lub przeżywa życie Francuzów w środku tych wydarzeń, niepewnych przyszłości swojego kraju. Autor nie stara się pokazać znaczenia wojny dla historii, ale przewrót w życiu codziennym, jaki wywołała.

DALSZA REFLEKSJA

KILKA PYTAŃ DO PRZEMYŚLENIA...

* *Francuska suita* opowiada o wydarzeniach wojennych z punktu widzenia wszystkich klas społecznych. Wyjaśnij, jak każda z postaci symbolizuje jakiś aspekt społeczeństwa.

* Choć dzieło Némirovsky'ego jest niedokończone, jakie podobieństwa możemy już dostrzec między *Burzą w czerwcu* a *Dolce*?

* Przeanalizuj tytuł drugiej powieści *Dolce* (Słodkie). Jak myślisz, co oznacza ten tytuł?

* Jak w powieści opisana jest przyroda? Czym różni się ona od wojny?

* Jak w *Dolce* opisani są niemieccy okupanci? Dlaczego traktowanie wroga przez autora jest zaskakujące?

* Czy potrafisz znaleźć paralele między *Francuska suita* a słynnymi scenami komediowymi? Do której części *Skąpca* nawiązuje zachowanie Langeleta?

* Némirovsky pisze "Kiedy w opowiadaniu lub powieści podkreślamy bohatera lub fakt, zubażamy historię; złożoność, piękno, głębia rzeczywistości zależy od tych związków między jednym człowiekiem a drugim, jednym istnieniem a innym istnieniem, radością i bólem" (*La Vie de Tchekhov*, 2005). Czy to stwierdzenie odnosi się do *Francuska suita*? Uzasadnij swoją odpowiedź.

- Jak można porównać dzieło Némirovskiego z *Wojną i pokojem* Lwa Tołstoja?

- Pomyśl o innych utworach, w których akcja rozgrywa się podczas okupacji niemieckiej. Czym różni się podejście Némirovsky'ego?

DALSZE CZYTANIE

WYDANIE REFERENCYJNE

Némirovsky, I. (2007) *Suite française*. Trans. Smith, S. London: Vintage.

OPRACOWANIE ŹRÓDŁOWE

Némirovsky, I. (2005) *La Vie de Tchekhov*. Paris: Albin Michel.

Chcemy usłyszeć od Ciebie, co się dzieje!
Zostaw komentarz na temat swojej internetowej biblioteki
i podziel się swoimi ulubionymi książkami w mediach społecznościowych!

Wydawca zapewnia o wiarygodności publikowanych informacji, co jednak nie może wiązać się z jego odpowiedzialnością.

www.50minutes.com

Master ISBN: 9782808694643
Papierowy ISBN: 9782808616041
Depozyt prawny: D/2023/12603/1884

Verhaal: © Primento

Projekt cyfrowy: Primento, cyfrowy partner wydawców.